Faszinierende

Nationalparks der USA

Bilder von
Christian Heeb

Texte von
Thomas Jeier

FLECHSIG

Erste Seite:
Der General Grant Tree im Kings Canyon National Park gilt als „Weihnachtsbaum der Nation" und erinnert an die Gefallenen im Zweiten Weltkrieg. General Grant ist der zweitgrößte Baum der Welt.

Vorherige Doppelseite:
Wie Orgelpfeifen ragen die Felstürme im Bryce Canyon empor. „Hoodoos" heißen diese Gebilde, erfindungsreiche Besucher haben ihnen Namen wie „Indianische Prinzessin", „E.T." und „Drei weise Männer" gegeben.

Rechts:
Der Grand Teton National Park im nordwestlichen Wyoming gehört zu den schönsten Naturschutzgebieten der USA. Vor der schroffen Bergkulisse der Tetons fließt der Snake River durch weite Täler.

Seite 10/11:
Der Yosemite National Park ist ein Naturparadies mit grünen Tälern, dichten Wäldern, mächtigen Wasserfällen und riesigen Felsen. Hier ein Blick ins Yosemite Valley.

Inhalt

Nationalparks – wo Amerika am schönsten ist

In den Nationalparks zeigt sich Amerika von seiner schönsten Seite. So muss das Land vor einigen Jahrhunderten ausgesehen haben, als die ersten Europäer in die Wildnis vordrangen und einer üppigen und urwüchsigen Natur begegneten, wie es sie in dieser Vielfalt auf keinem anderen Kontinent unserer Erde gab. In den Schutzgebieten des amerikanischen National Park Service ist die Natur noch unberührt – zumindest abseits der befahrenen Touristenstraßen – und lässt ahnen, wie ideenreich und vielfältig die Schöpfung auf diesem Halbkontinent zu Werke ging.
Die endlosen Fichtenwälder von Yosemite, die tiefen Schluchten des Grand Canyon, die heißen Quellen von Yellowstone. Die grünen Regenwälder von Olympia, die blauen Nebel der Smoky Mountains, die salzhaltige Luft an der Küste von Acadia. Die Ruinen der prähistorischen Indianer in Mesa Verde, die dunkelroten Felsen von Arches und Bryce Canyon und die grenzenlose Wildnis am Mount McKinley in Alaska. Die letzten Gletscher im nördlichen Montana, die Riesenbäume von Sequoia, die Sümpfe der Everglades. Die letzten Paradiese eines riesigen Landes, das seine Unschuld anderswo längst verloren hat und zum Opfer einer profitsüchtigen Gesellschaft geworden ist. Die Nationalparks sind das letzte Refugium für die Menschen, in der man die Natur noch im Urzustand bestaunen und wie ein Entdecker erleben kann.

John Muir und die Wildnis

John Muir, der schottische Naturschützer, sah die Zerstörung der Natur bereits im 19. Jahrhundert voraus und gehörte zu den wenigen Menschen, die sich für eine Bewahrung der Erde einsetzten. Als er 1868 nach San Francisco kam, soll er den ersten Passanten gefragt haben: „Wo, bitte, geht's zur Wildnis?“ Der Gefragte deutete stumm nach Osten. John Muir schulterte seinen Rucksack und marschierte los, erklomm die Gipfel der High Sierra und verharrte andächtig, als er das Yosemite Valley erblickte. Er war begeistert von der üppigen Natur, den fruchtbaren Tälern und den gigantischen Bäumen in der Mariposa Grove. Damals entschloss er sich, seine Karriere als Erfinder an den Nagel zu hängen und als Trapper in den Bergen zu leben, oder wie er es aus-

drückte: „Ich ging in die Wälder und kehrte nie zurück." Ihm ist es zu verdanken, dass Yosemite bereits 1890 vor der Kommerzialisierung bewahrt und der Naturschutz zu einem nationalen Anliegen wurde.
Seit 1872 gibt es Nationalparks in den USA. Am 1. März unterschrieb Präsident Ulysses S. Grant ein Gesetz, das die beinahe unberührte Natur am Yellowstone unter Naturschutz stellte. Der Yellowstone National Park wurde gegründet. Die Verwaltung übernahm das Innenministerium, für einige Parks auch das Kriegsministerium und der Forest Service des Landwirtschaftsministeriums. 1886 übernahm die Armee die Verwaltung der Nationalparks. Am 25. August 1916 gründete Präsident Woodrew Wilson den National Park Service, der unter dem Dach des Innenministeriums für damals für 35 National Parks und National Monuments zuständig war und sich auch heute noch verpflichtet, die Naturschutzgebiete zu erhalten und einer breiten Öffentlichkeit zugänglich zu machen. „Ihr Sinn und Zweck besteht darin", so das neue Gesetz über die Parks, „die Szenerie, das Wild und die Naturschönheiten und historischen Objekte zur Freude der Menschen zu bewahren und für zukünftige Generationen zu schützen."
Heute stehen knapp 400 Schutzgebiete unter der Verwaltung des National Park Service, darunter 58 Nationalparks, aber auch National Monuments und historische Stätten. Über 270 Millionen Besucher werden jedes Jahr gezählt. Der meistbesuchte Park ist der Great Smoky Mountains National Park in Tennessee und North Carolina mit über 9,2 Millionen Besuchern im Jahr. Der größte Park ist der Wrangell-St. Elias National Park in Alaska mit 44 313 Quadratkilometern. Nationalparks und Schutzgebiete gibt es überall in den USA – außer in Delaware und im District of Columbia.

Die USA im Urzustand

In den Nationalparks zeigen sich die USA im Urzustand. Doch selbst dort bleibt die Zivilisation nicht außen vor: In den großen Parks wie Yellowstone, Yosemite und Grand Canyon kommt es während der Hochsaison zu langen Verkehrsstaus, und in den Zentren um die großen Hotels und Besucherzentren halten sich so viele Menschen auf, dass diese Parks schon kurzfristig geschlossen werden mussten. Nur abseits der asphaltierten Aussichtsstraßen hat man die Gewissheit, die Natur noch in ihrer ganzen Blüte erleben zu können. So auf dem „John Muir Trail", benannt nach dem legendären Gründer des Sierra Clubs, der an den beiden Wasserfällen des Merced River in Yosemite beginnt und durch die Sequoia und Kings Canyon National Parks und über die High Sierra bis zum Mount Whitney führt. Im Cherokee Museum abseits des Great Smoky Mountains National Parks – dort hängt das berühmte Gemälde des Indianers Sequoya, der ein eigenes Cherokee-Alphabet erfand und sein Volk zu einem der „zivilisierten Stämme" machte. Bei den blauen Wasserfällen von Supai, dem entlegenen Indianerdorf in einer Seitenschlucht des Grand Canyons. Auf einer Jeeptour ins Hinterland der Canyonlands oder einem

El Capitan, der achthöchste Berg von Texas, liegt innerhalb des Guadalupe National Parks im Westen des Staates. Den ersten Siedlern und Indianern half er bei der Orientierung.

Nur über eine Schotterstraße erreicht man den Toroweap Point am North Rim des Grand Canyons. Anders als am überlaufenen Südrand ist man hier noch allein mit einer überwältigenden Natur.

Ritt durch die Saguaro-Wüste an der mexikanischen Grenze. An der romantischen Küste von Kalaloch im Olympic National Park, wo unterhalb der Felswände ein langer Sandstrand auf Badegäste und Wanderer wartet. Am einsam gelegenen Wonder Lake im Denali National Park von Alaska, den man nur im Pendelbus erreicht – Personenwagen sind am Mount McKinley streng verboten. Im Kanu auf einem der einsamen Seen im Hinterland des Yellowstone. In den Schluchten der Teton Mountains. Auf einer Fahrt durch den endlos erscheinenden „Ocean of Grass“ in den Everglades.

„Ich brauche die Einsamkeit der Berge, ich muss kämpfen und schwitzen, um den entlegensten Gipfel zu erklimmen“, sagt Vicki Jo Lawson, die seit einigen Jahren als Rangerin im Yosemite National Park arbeitet. „Darin erfüllt sich für mich das Glück im Yosemite-Park. Leider bleiben ungefähr achtzig Prozent aller Besucher im Valley. Dort wimmelt es im Hochsommer von Menschen.“

Seen und Wasserfälle, Wälder und Berge

Auch am Glacier Point sind viele Touristen, aber nach dem Trubel im Yosemite Valley kommt einem der Aussichtspunkt fast einsam vor. Tausend Meter über dem Tal hat man einen atemberaubenden Ausblick auf den Park. Vor dem Panorama der High Sierra liegt ein Paradies. Bunte Wiesen erstrecken sich zwischen den Wäldern. Wasserfälle stürzen von den Felsen. Der Half Dome erhebt sich 2693 Meter hoch aus dem Tal, wie eine mit dem Messer geteilte Kuppel. Der Felsen wurde vor 250 000 Jahren von gewaltigen Eismassen geformt, zu einer Zeit, als es noch keine Menschen in Amerika gab und der Glacier Point unter einer Eisschicht verborgen lag. Am westlichen Ende des Tales ragt El Capitan aus dem Boden, ein gewaltiger Granitfelsen, dreimal so hoch wie das Empire State Building und ein Mekka für Bergsteiger.

2620 Meter hoch liegen die Toulumne Meadows, über die John Muir schrieb: „Unzählige Seen und Wasserfälle, seidenweiche Wiesenteppiche, erhabene Wälder, gigantische Granitkuppeln, von der Eiszeit geformte Flusstäler, einsame Wege und Berge, deren schneebedeckte Gipfel über viertausend Meter zum Himmel aufragen.“ Ein Paradies, das nahe der Tioga Road im Osten des Parks liegt und nur auf langen Wanderungen in seiner ganzen Pracht erlebt werden kann. Atemberaubende Ausblicke belohnen die Anstrengung auf den steilen Pfaden. „Dort war John Muir am liebsten“, weiß Vicki, „dort hat sich die Natur kaum verändert.“

Seit 1938 gibt es den Olympic National Park. Er gehört zu den schönsten und vor allem unberührtesten Nationalparks, und man muss weite und steile Wege gehen, wenn man die Schönheit dieses Gebiets erkunden will. Besonders die Olympic Mountains, eine Bergkette mit schneebedeckten Riesen, geben ihre Schönheit nicht ohne vorherige Anstrengung preis. Aber auch auf einer Autofahrt zur Hurricane Ridge kommt der Naturliebhaber auf seine Kosten. Eine rund 30 Kilometer lange

Seit 1929 stehen Gesteinsbögen wie der Mesa Arch im Arches National Park unter Naturschutz, ein Verdienst des Zeitungsmannes Loren „Bish“ Taylor, der bereits 1911 die Schönheit des Gebietes anpries.

Asphaltstraße führt auf das fast 2000 Meter hohe Plateau, von dem aus man einen herrlichen Blick auf die Cascades und die majestätischen Olympic Mountains hat. Mit knapp 3000 Metern gehören sie nicht zu den Bergriesen, aber der romantische Fischerort Port Angeles und der Highway liegen auf Meereshöhe, sodass die Berge extrem steil in den Himmel ragen und noch größer und steiler erscheinen.

Paradies Yellowstone

John Colter, ein Forscher und Pelztierjäger, der sich 1806 von der Lewis-und-Clark-Expedition abgesetzt hatte, bekam das Yellowstone-Gebiet als erster Weißer zu Gesicht. Er berichtete von heißen Quellen, die aus dem Boden schossen, von Bisonherden, Bären und Wölfen, und pries das Land als eines der großen Paradiese im amerikanischen Westen. Die Leute im Osten wussten, wie gerne Trapper übertrieben, und die ersten Touristen, die sich an den Yellowstone vorwagten, waren überrascht, wie wenig der Westmann übertrieben hatte. Yellowstone war tatsächlich ein Paradies. Eine majestätische Wildnis mit Bergen, Flüssen und Seen und über dreihundert Geysiren. Kaltes Wasser sinkt in fast zwei Kilometer tiefe Hitzekammern hinab, wird dort aufgeheizt und durch schmale Kanäle als Dampf oder Wasser wieder an die Oberfläche gepresst. Am bekanntesten wurde „Old Faithful“, der „Verlässliche“, weil seine Fontäne beinahe alle siebzig Minuten aus dem Boden schießt, und man sogar die Uhr danach stellen könnte.

Die Idee, dieses Gebiet in einen Nationalpark zu verwandeln, hatten die Mitglieder der Washburn-Langford-Doane-Expedition, die bereits 1870 am Yellowstone forschte und auch dem „Old Faithful“ seinen Namen gab. Zu der Gruppe gehörte ein gewisser N. P. („National Park“) Langford, der erste Superintendent des Parks und die ersten fünf Jahre allein in der Wildnis unterwegs. 1872 wurde Yellowstone zum ersten Nationalpark der USA erklärt.

Große Naturwunder der Erde

„Beeinträchtigt diese großartige Schönheit nicht!“, sagte der amerikanische Präsident Theodore Roosevelt über den Grand Canyon. „Dies ist ein Anblick, den alle Amerikaner genießen sollten!“ Die riesige Schlucht des Colorado River, ein Naturwunder von überwältigender Schönheit, klafft über einen Kilometer tief in der rotbraunen Felswildnis des Colorado Plateaus und gehört zu den größten Naturwundern der Erde. Seit sieben Millionen Jahren arbeitet die Natur an diesem Kunstwerk, doch zufrieden scheint sie noch lange nicht. Noch immer nagen die Fluten des Colorado Rivers an den steilen und zerklüfteten Felswänden, noch immer sucht der Fluss neuen Raum für seinen niemals endenden Wasserstrom, und unvermindert stark feilen auch Wind und Wetter an den gigantischen Felsformationen auf der Suche nach einer Vollendung, die wohl kein menschliches Auge je erfassen wird.

In North Carolina hängt blauer Nebel über den Smoky

Oben:
Im Westen des Olympic National Parks auf der gleichnamigen Halbinsel im Staat Washington erstreckt sich der einsame Rialto Beach. Die Straße führt an der zerklüfteten Küste entlang.

Mountains. Auf dem Blue Ridge Parkway scheint die Zeit stehen geblieben zu sein, die Landschaften haben sich kaum verändert, und auf den Farmen ist die Arbeit noch genauso hart wie vor hundert Jahren. Zu beiden Seiten der Straße erstrecken sich lichte Wälder und anmutige Täler, und markierte Aussichtspunkte gestatten einen Blick auf die Smokies und die Blue Ridge Mountains. „Ort des blauen Rauches" nannten die Cherokee die Smoky Mountains.

Unerschrockene Familien ließen sich im 19. Jahrhundert in den Bergen nieder, bodenständige Siedler, die von den „Yankees" als „Hillbillies" belächelt wurden, mit ihrer Musik und ihrer Handwerkskunst aber entscheidend zur Folklore des Landes beigetragen haben. In Touristenorten wie Gatlinburg und Pigeon Forge wird mit dieser Folklore ein großes Geschäft gemacht. Zum Mekka aller Hillbillies wurde „Dollywood", der Vergnügungspark der Country-Sängerin Dolly Parton in Pigeon Forge. Die wahren Hillbillies trifft man weiter nördlich, in entlegenen Orten wie Burnsville und Boone und auf den abgelegenen Farmen im Hinterland. Ihr Lebensstil ist einfach, und am Samstag schalten sie immer noch die „Grand Ole Opry" ein, um die ursprüngliche Musik aus Nashville zu hören.

Auch der Acadia National Park in Maine gehört zu den Favoriten. „Vielleicht weil die Landschaft so typisch für Maine und die Foliage hier besonders bunt ist", glaubt Kathy Petrie, eine langjährige Rangerin des Parks. Mit „Foliage" bezeichnet man die Verfärbung der Blätter im Herbst, ein Zauberwort, das jedes Jahr im späten September unzählige Touristen nach Maine lockt, weil dort die Foliage besonders ausgeprägt und intensiv ist. „Im Acadia National Park hast du alles", schwärmt Kathy, „felsige Steilküsten, bunte Wälder, sogar einen Leuchtturm. Im Sommer kannst du den Loon hören, die Nachtigall des Nordens, und in den Wäldern und in den Buchten kannst du die andächtige Stille genießen, selbst wenn es auf der asphaltierten Rundstraße von Autos wimmelt."

Die Freiheit ist noch lange nicht ausverkauft. In den Nationalparks der USA, selbst in unmittelbarer Nähe der Zivilisation, wartete eine urwüchsige Natur mit majestätischen Bergen, zerklüfteten Tälern, zerfurchten Canyons, tiefen Wäldern, reißenden Flüssen, stillen Seen und einsamen Landschaften. Strenge Gesetze sorgen dafür, dass es so bleibt. Im Grand Teton National Park, in den Badlands am Big Bend, in Zion, im Kobuk Valley und am Mount Rainier. „America the Beautiful" – zumindest in den Nationalparks.

Seite 18/19:
Der Glacier National Park besteht aus 3885 Quadratkilometern meist unberührter Wildnis. Im Schatten der gewaltigen Gletscher liegt der malerische Saint Mary Lake mit der winzigen Lizard Island.

Rechte Seite:
Über dreihundert Geysire wie den „Black Pool" gibt es im Yellowstone National Park. Kaltes Wasser sinkt in fast zwei Kilometer tiefe Hitzekammern hinab, wird dort aufgeheizt und durch schmale Kanäle wieder an die Oberfläche gepresst.

Östlich des Missouri: Sümpfe und endlose Wälder

So muss die Welt vor vielen tausend Jahren ausgesehen haben: Wild und ungestüm, riesige Seen, verzweigte Flüsse, morastige Sümpfe, weite Grasmeere. Ein Paradies mit farbenprächtigen Pflanzen, wilden Tieren und einer wuchernden Natur. Die Everglades, ein riesiges Sumpfgebiet im Süden Floridas, sind der drittgrößte Nationalpark der USA. „Pay-hay-okee" nannten die Indianer die Everglades, „Meer aus Gras" . Wenn der Wind über das harte Jamaica Sawgrass streicht, gleichen die Sümpfe einem stürmischen Ozean. Zwischen den Hammocks, knorrigen Bauminseln im Grasmeer, und Mangroven überlebten seltene Vögel und Alligatoren, vor einigen Jahren noch vom Aussterben bedroht.
Der Great Smoky Mountains National Park, der in den 1930er Jahren eröffnet wurde, ist der meistbesuchte Nationalpark der USA. Er bietet unverfälschte Natur und ein Amerika, das man sonst nur noch in alten Büchern und Filmen findet, ähnlich wie im benachbarten Shenandoah National Park. Seit 1926 stehen die lieblichen Blue Ridge Mountains unter Naturschutz. Der Skyline Drive führt durch die anmutigen Täler des Parks und zum Whiteoak Canyon mit sechs Wasserfällen. Von fünfundsiebzig Aussichtspunkten hat man einen herrlichen Blick auf das Shenandoah Valley, die Wälder und Wiesen, die Wildblumen und wilden Tiere.
Im Acadia National Park erstrahlen die Laubbäume schon im späten September in herbstlicher Pracht, besonders intensiv am Jordan Pond, am Eagle Lake und am Cadillac Mountain.
Zu den am wenigsten besuchten Nationalparks gehören der Voyageurs National Park in Minnesota und Isle Royale in Michigan. Beide Parks wurden nicht für den Massentourismus eingerichtet, sondern sollen dafür sorgen, dass die Natur im Gebiet der Großen Seen in ihrem Urzustand verharrt. Die Wälder, Sümpfe, Flüsse und Seen im Voyageurs National Park reichen bis zur kanadischen Grenze. Die Küstengebiete des Lake Superior mit ihren Inseln und Halbinseln im Isle Royale National Park sind ein Paradies für Wasservögel und Säugetiere. Der größtenteils unter Wasser liegende Biscayne National Park in Florida liegt nördlich der Keys und eröffnet Tauchern und Schnorchlern eine bunte Wunderwelt.

Oben:
Die Sleeping Bear Dunes an der Westküste von Michigan wurden im Laufe mehrerer tausend Jahre von Gletschern geschaffen. Am Ufer des Lake Michigan bilden sie ein natürliches Freizeitparadies.

Links:
Zu beiden Seiten des Blue Ridge Parkways erstrecken sich lichte Wälder und anmutige Täler. „Ort des blauen Rauches" nannten die Indianer die Smoky Mountains im gleichnamigen Nationalpark.

Im Spätsommer ist der Acadia National Park in Maine am schönsten. Beinahe über Nacht verfärben sich die Blätter der Bäume und strahlen in allen Rot-, Gelb- und Brauntönen.

Acadia war der erste Nationalpark östlich des Mississippi Rivers. Bereits 1916 erklärte Präsident Wilson das Gebiet zum Lafayette National Park. 1929 änderte man den Namen in „Acadia".

Vom Cadillac Mountain hat man eine spektakuläre Aussicht auf Mount Desert Island und andere vorgelagerte Inseln im Acadia National Park. Zum Sonnenaufgang treffen sich unermüdliche Wanderer auf dem Gipfel.

Eine 43 Kilometer lange Rundstraße führt an der schroffen Küste entlang durch den Acadia National Park. Durch das Thunder Hole, eine versteckte Felsöffnung, schäumt die Gischt.

Linke Seite:
An der Nordküste von Michigan liegen die bunten Felsen der Pictured Rocks National Lakeshore. Auf einer Bootsfahrt sieht man imposante Felsen wie das Miner's Castle aus nächster Nähe.

Bunte Sandsteinfelsen, seltsame Felsformationen wie der Chapel Rock (im Bild), Sanddünen und Wasserfälle gehören zu den Attraktionen der Pictured Rocks National Lakeshore.

Über den Pierce Stocking Scenic Drive erreicht man die schönsten Aussichtspunkte der Sleeping Bear Dunes National Lakeshore am östlichen Ufer des riesigen Lake Michigan.

Der Skyline Drive führt durch die malerische Natur des Shenandoah National Parks in Virginia. Von der Straße hat man eine herrliche Aussicht auf die Blue Ridge Mountains.

Dr. Chase Ambler, ein Naturschützer aus Asheville, dachte bereits 1899 daran, in den Smokies einen Nationalpark zu errichten, aber erst 1926 wurden die Berge mit ihren Wäldern unter Naturschutz gestellt.

In den Smoky Mountains scheint die Zeit stehen geblieben zu sein. Das Land hat sich kaum verändert, und auf den Farmen ist die Arbeit noch genauso hart wie vor hundert Jahren.

Der Great Smoky Mountains National Park ist der meistbesuchte Nationalpark der USA. Er bietet unverfälschte Natur wie die Laurel Falls und ein Amerika aus längst vergangenen Tagen.

Die Everglades, ein riesiges Sumpfgebiet im Süden Floridas, sind der drittgrößte Nationalpark der USA. Er umfasst 6000 Quadratkilometer und reicht vom Tamiami Trail im Norden bis zur Florida Bay im Süden.

Die Alligatoren, in den 1960er Jahren noch vom Aussterben bedroht, sind heute kaum gefährdet und dürfen gejagt werden – aber die Gesetze sind streng. Das Fleisch gilt als Delikatesse.

„Pay-hay-okee" nannten die Indianer die Everglades, „Meer aus Gras". Wenn der Wind über das harte Jamaica Sawgrass streicht, gleichen die Sümpfe einem stürmischen Ozean.

Der Tricolored oder Louisiana Heron lebt an der Golfküste der USA und nistet vor allem in subtropischen Sümpfen wie den Everglades. Die Vögel leben von kleinen Fischen und Insekten, die sie im Laufen erbeuten.

Wilder Westen – Zauberwelt aus buntem Stein

Der Wilde Westen lebt. Auch abseits der Grand Canyons fühlt man sich in die grandiosen Naturkulissen zahlreicher Westernfilme zurückversetzt. John Wayne Country.
Im Zion National Park ragen farbige Sandsteinwände zu beiden Seiten des Virgin River aus dem dunklen Canyon. Von der Zion Lodge führt ein Trail zum blauen Wasser der Emerald Pools, über eine schmale Straße im Nordwesten des Parks erreicht man die orangefarbenen Felsen am Horse Ranch Mountain. Die Checkerboard Mesa leuchtet wie ein überdimensionales Schachbrett.
Wie Orgelpfeifen ragen die rotbraunen Felstürme aus dem Bryce Canyon. „Rote Felsen stehen wie Männer in einer schüsselförmigen Schlucht", nannten die Indianer den Canyon. Zu den Highlights gehört eine Wanderung über den Under-the-Rim-Trail, der sich vom Bryce Point durch die verzweigte Schlucht windet. Der Highway 12 führt zur Grand Staircase und den Escalante Canyons, einem magischen Felsenreich mit dem farbenprächtigen Kodachrome Basin und Felsenhäusern der prähistorischen Anasazi-Indianer. In den Schluchten des Capitol Reef National Park versteckten sich im späten 19. Jahrhundert die legendären Banditen Butch Cassidy und Sundance Kid, durch Paul Newman und Robert Redford in dem Film „Zwei Banditen" unsterblich gemacht.
Im Canyonlands National Park führt eine Wanderung zum legendären Mesa Arch. Nur Wanderer lernen die Wildnis der Canyonlands näher kennen, Autofahrer müssen sich mit zwei Stichstraßen begnügen: Vom Grandview Point Overlook hat man einen herrlichen Ausblick auf den Green River, vom Needles Visitor Center führen einige Trails in den entlegenen „Needles District".
Über zweitausend Gesteinsbögen, die in einem Zeitraum von 150 Millionen Jahren von Wind und Wetter aus dem Fels gewaschen wurden, erheben sich im Arches National Park. Der Arches Scenic Drive führt zu den eindrucksvollsten Aussichtspunkten des Parks, über Trails erreicht man spektakuläre Gesteinsbögen wie den Balanced Rock, einen 3500 Tonnen schweren Felsbrocken, der auf einem schmalen Steinsockel balanciert, und den Landscape Arch, der mit 90 Metern Länge im Buch der Rekorde steht.

Oben:
Bisons sind ein vertrauter Anblick im Yellowstone National Park. Die zottigen Tiere, von Jägern wie Buffalo Bill beinahe ausgerottet, haben sich wieder stark vermehrt und gehören nicht mehr zu den bedrohten Tierarten.

Links:
„Beeinträchtigt diese großartige Schönheit nicht!", sagte der amerikanische Präsident Theodore Roosevelt über den Grand Canyon. „Dies ist ein Anblick, den alle Amerikaner genießen sollten!"

Der Big Bend National Park, die große Biegung des Rio Grande, liegt an der Grenze zwischen Texas und Mexiko und wird von einer hoch gelegenen und schwer zugänglichen Berglandschaft dominiert.

Bis zu fünfzehn Meter hoch werden die Saguaro-Kakteen in der Sonoran Desert an der Grenze zwischen Arizona und New Mexico. Die vielen tausend Saguaros im Saguaro National Park stehen erst seit 1994 unter Naturschutz.

Rechte Seite:
Der Antelope Canyon südlich vom Lake Powell gehört zu den fantasievollsten Schluchten des Colorado Plateaus und verändert seine Schönheit mit dem Sonnenlicht. Er gilt als beliebtes Objekt für Fotografen.

Der Grand Canyon wurde im Februar 1919 zum Nationalpark erklärt und zum „achten Weltwunder" bestimmt. Bis zu einem Kilometer tief klafft die gewaltige Schlucht in der Felswildnis des Colorado Plateaus.

Ein steiler Trail führt in den abgelegenen Havasu Canyon, eine Seitenschlucht des Grand Canyons, hinab. Abseits des Trubels am South Rim leben die Havasupai-Indianer hier immer noch in relativer Abgeschiedenheit.

Die Bergwildnis jenseits der kontinentalen Wasserscheide im nördlichen Colorado wurde 1915 zum Rocky Mountain National Park erklärt und gilt als einer der schönsten und aufregendsten Parks im amerikanischen Westen.

Schneebedeckte Gipfel erheben sich über tiefgrünen Tälern und spiegelklaren Seen, und zahlreiche Wanderwege durchkreuzen die urwüchsige Natur. Ein Drittel des Rocky Mountain National Parks liegt oberhalb der Baumgrenze.

Seite 36/37:
Die Felsenhäuser im Mesa Verde National Park erinnern an die prähistorischen Anasazi-Indianer, die von 600 bis 1400 im amerikanischen Südwesten lebten. Der Cliff Palace hatte über 200 Zimmer.

Der Arches Scenic Drive führt zu den interessantesten Felsformationen im Arches National Park. An den steil aufragenden Felstürmen und Gesteinsbögen sollten sich nur geübte Kletterer versuchen.

Durch das gigantische North Window blickt man auf den Turret Arch im Arches National Park. Über 2000 Bögen aus rotem Sandstein verteilen sich auf das Naturschutzgebiet in Utah.

Rechte Seite: Die gewaltigen Wassermassen, die vor ungefähr 300 Millionen Jahren den amerikanischen Südwesten bedeckten, formten das Colorado Plateau. Aus Sandsteinablagerungen entstanden Gesteinsbögen wie der Delicate Arch.

Die Canyonlands im südlichen Utah gelten als Paradies für Mountainbiker. In den felsigen Schluchten sind die Anforderungen besonders hoch. Markierte Trails führen tief in die Canyons und Täler hinein.

Angeblich soll ein Meteor, der vor vielen Jahrtausenden im Colorado Plateau einschlug, für die besondere Vielfalt im Island in the Sky District der Canyonlands verantwortlich sein.

Monumentale Tafelberge ragen aus dem weiten Monument Valley im Navajo Tribal Park an der Grenze zwischen Utah und Arizona. Noch immer leben Navajo-Indianer in den versteckten Schluchten im Hinterland.

John Wayne, der wohl populärste Westerndarsteller aller Zeiten, drehte mehrere Filme im Monument Valley. Regisseur John Ford hatte die Hollywood-Bosse von der optischen Gewalt des Felsentales überzeugt.

Felsformationen im Capitol Reef National Park in Utah. Über den Highway 24 kommt man selbst im Auto bis dicht an die weitab von der Zivilisation gelegenen Felsen heran.

Hier, in der Capitol Gorge, der tiefsten Schlucht im Capitol Reef National Park, sollen sich die legendären Banditen Butch Cassidy und Sundance Kid (im Film: Paul Newman und Robert Redford) vor dem Gesetz versteckt haben.

Die Canyons und Felsen im Grand Staircase-Escalante National Monument sind für ihre besondere Vielfalt bekannt. Sie bedecken ein sehr großes, aber abgelegenes Gebiet auf dem Kaiparowits Plateau.

Ein schmaler Pfad führt nach Round Valley Draw, einem spektakulären Slot Canyon im Grand Staircase-Escalante National Monument. Die Sandsteinfelsen leuchten in allen Farben.

Seite 44/45:
Vom rauen Kaiparowits Plateau bis zum Escalante River erstrecken sich Felsformationen wie „The Wave" im Grand Staircase-Escalante National Monument. Erst 1996 wurde das Gebiet unter Naturschutz gestellt.

Vom Bryce Point hat man eine herrliche Aussicht in den Bryce Canyon, der seit 1928 unter Naturschutz steht. „Rote Felsen stehen wie Männer in einer schüsselförmigen Schlucht“, nannten die Indianer den Canyon.

Auch im Winter offenbart der Bryce Canyon in Utah seine Schönheit. Die zerklüftete Schlucht am Rand des Paunsaugunt Plateaus wurde im September 1928 zum Nationalpark erklärt.

In den Schluchten von Zion, die von Mormonen besiedelt und 1919 zum Nationalpark erklärt wurden, erheben sich monumentale Felsen wie „The Watchman". Die Mormonen verglichen die Formationen mit göttlichen Tempeln.

Im Zion National Park ragen die farbigen Sandsteinwände bis zu fünfhundert Meter aus dem zerklüfteten Land. Die Checkerboard Mesa leuchtet wie ein überdimensionales Schachbrett in der Sonne.

Im Great Basin National Park wachsen einige der ältesten Bäume der Welt. Manche der überlebenden Bristlecones, die einst in dichten Wäldern über das ehemals fruchtbare Land verbreitet waren, sind über 3000 Jahre alt.

Von mehreren Aussichtspunkten am Wheeler Scenic Drive blickt man auf den mächtigen Wheeler Peak im Great Basin National Park in Nevada. Ein schmaler Trail führt zum 3982 Meter hohen Gipfel empor.

Eine asphaltierte Straße im kalifornischen Joshua Tree National Park führt durch dichte Bestände von Joshua Trees und Teddy Bear Chollas. Das Naturschutzgebiet liegt nordöstlich von Palm Springs.

Über fünfzig California Fan Palms wachsen in der Fortynine Palms Oasis, einem zerklüfteten Canyon im Joshua Tree National Park. Die Oase ist über einen anderthalb Meilen langen Trail erreichbar.

Seite 50/51:
Der Anza-Borrego Desert State Park, ein riesiges Wüstengebiet mit zwölf Wilderness Areas und zahlreichen Wanderwegen, wurde nach dem spanischen Entdecker Juan Bautista de Anza und dem spanischen Namen „Borrego" für das Bighorn-Schaf benannt.

„Good-bye, Death Valley!“, sollen einige Siedler auf dem Weg zu den kalifornischen Goldfeldern gerufen haben, als sie das „Tal des Todes“ hinter sich hatten, daher der Name für die heißeste und trockenste Wüste der USA.

Zwischen 1883 und 1889 transportierten Frachtunternehmer weißen Borax aus den Minen im Death Valley. In schweren Wagen wurde die Last aus dem Tal gezogen. Erst im Oktober 1994 wurde das Death Valley zum Nationalpark erklärt.

Der Zabriskie Point, ein Felsental von beeindruckender Schönheit, wurde durch den gleichnamigen Film bekannt und gehört zu den beliebtesten Aussichtspunkten im Death Valley. Im Tal wurden Temperaturen bis zu 56,7 Grad Celsius gemessen.

Das Death Valley, östlich der Sierra Nevada gelegen, ist nur wenige Millionen Jahre alt. Der tiefste Punkt des Tales liegt 85,5 Meter unter dem Meeresspiegel. Wind und Wetter haben einzigartige Gesteinsformationen geschaffen.

Ein Waldweg im Sequoia National Park führt zur Grant Grove. Dort steht der dreitausend Jahre alte „General Grant Tree“, ein über achtzig Meter hoher Riesenbaum mit einem Durchmesser von elf Metern.

Über dreißig Meter stürzen die Rainbow Falls im Devil's Postpile National Monument in Kalifornien in die Tiefe. Sie liegen nur zwei Meilen flussabwärts von den Basaltsäulen, die dem Park seinen Namen gaben.

Seit 1943 unter gemeinsamer Verwaltung, wegen ihrer Größe aber in zwei unterschiedliche Parks geteilt, präsentieren sich der Sequoia und der Kings Canyon National Park mit einer ungestümen und scheinbar unberührten Natur.

Linke Seite:
Vernal Falls im Yosemite National Park. Mehreren Fürsprechern verdankt der Park seine Entstehung. Die bekanntesten waren Frederick Law Olmstedt, der Gestalter des Central Parks in New York, und John Muir, der Begründer des Sierra Clubs.

Auch in Yosemite kann man die Einsamkeit noch erleben. Man muss nur bereit sein, hundert Meter von der Hauptstraße wegzugehen. Auf den zahlreichen Trails (wie hier bei den Nevada Falls) ist man allein in unberührter Natur.

Die Indianer nannten das Yosemite Valley „O-ham-i-te" („Tal der Bären"). Dieses Wort verballhornten weiße Siedler zu „Yosemite". Im Hinterland sind immer noch Bären unterwegs, doch sie bekommt man nur auf Wanderungen zu Gesicht.

Seite 58/59:
Der Lassen Volcanic National Park entstand während mehrerer Eruptionen des Lassen Peak in den Jahren 1914 und 1915. Eine Geröllawine staute einen Bergbach und formte den malerischen Manzanita Lake.

Linke Seite:
Im nördlichen Teil des Theodore Roosevelt National Parks in North Dakota fließt der Little Missouri River durch ein wüstenähnliches Gebiet. Nur an seinen Ufern wachsen Cottonwoods und andere Bäume.

Die Badlands in South Dakota, seit November 1978 Nationalpark, gleichen einem aufgewühlten versteinerten Meer. In schroffen Zinnen ragt die Badlands Wall aus dem steinigen Boden. Hier zelebrierten die Lakota ihren letzten Ghost Dance.

Der Devil's Tower ragt 290 Meter aus den High Plains empor und gehört seit 1906 zum Devil's Tower National Monument. Nach einer indianischen Legende sollen seine zerfurchten Steilwände durch die Pranken eines Bären entstanden sein.

Am 1. März 1872 unterzeichnete US-Präsident Ulysses S. Grant die Yellowstone Park Act und bestätigte damit ein riesiges Gebiet im nordwestlichen Wyoming als ersten Nationalpark der Welt.

Östlich von Norris Junction liegt der Grand Canyon of the Yellowstone. Zerklüftete Felsen ragen zu beiden Seiten der wirbelnden Wasser des Yellowstone River empor. Das Wasser der Lower Falls stürzt fast hundert Meter tief von den Lavafelsen.

Innerhalb der Parkgrenzen ist die Erde in Aufruhr. Der Grand Canyon of the Yellowstone und die blubbernden Geysire erinnern an drei Vulkanausbrüche in prähistorischer Zeit. Über dreihundert dieser heißen Quellen gibt es im Park.

John Colter, ein Forscher und Pelztierjäger, der sich 1806 von der Lewis-und-Clark-Expedition abgesetzt hatte, bekam den Yellowstone als erster Weißer zu Gesicht. Die Mammoth Hot Springs liegen am nördlichen Eingang des Parks.

Die wildromantische Gletscher- und Berglandschaft des Glacier National Parks liegt an der Grenze zwischen Montana und Kanada. Zahlreiche Wanderwege führen zu romantischen Bergseen wie dem Two Medicine Lake.

Durch majestätische Wälder und vorbei an eisigen Gletschern und smaragdgrünen Seen geht es über die nur im Sommer geöffnete Going-to-the-Sun Road zum malerischen Saint Mary Lake im Ostteil des Nationalparks hinunter. Im Bild die Saint Mary Falls.

Bis zu den steilen Hängen des Sinopah Mountains ragen die mit Bärengras bewachsenen Bergwiesen des Glacier National Parks, der von der UNESCO zur „World Heritage Site“ ernannt wurde und jenseits der Grenze in den kanadischen Waterton Park übergeht.

Der Glacier National Park besteht aus 3885 Quadratkilometern meist unberührter Wildnis. Gewaltige Gletscher wälzen sich von den Bergen, auf den Hängen weiden Bergziegen.

Seite 66/67:
In einem magischen Tintenblau schimmert der Crater Lake im gleichnamigen Nationalpark in Oregon. Der riesige Vulkansee und die umliegenden Wälder wurden im Mai 1902 zum Nationalpark erklärt.

Mount Rainier in Washington State gehört zu den größten Vulkanmassiven der Welt. 4395 Meter hoch ragt der mächtige Berg aus der Cascade Range. Vor 150 Jahren brach er zum letzten Mal aus.

Bis zum Ausbruch des Mount St. Helens (1980) gehörte der Spirit Lake zu den bevorzugten Ausflugszielen in Washington State. Die Eruption entwurzelte Tausende von Uferbäumen und veränderte das Ufer des Sees.

Die Palouse Falls im südöstlichen Washington State stürzen vier Meilen oberhalb des Zusammenflusses von Palouse und Snake River in die Tiefe. Die 50 Meter hohen Wasserfälle entstanden nach der letzten Eiszeit.

Der Wenatchee National Forest erstreckt sich zwischen Okanogan und Wenatchee in Washington State und reicht von alpinen Bergwäldern in den Cascades bis zu lichten Laubwäldern an den Flussufern in den Niederungen.

Seite 70/71:
An der Westküste im Olympic National Park wandert man durch dschungelartige Regenwälder mit moosbedeckten Bäumen und über mit Treibholz bedeckte Sandstrände wie den Rialto Beach.

ALASKA – DAS GROSSE LAND

In acht Nationalparks präsentiert sich Alaska noch wild und ungestüm. Im Denali National Park bleiben die meisten Besucher auf der einzigen Parkstraße, fahren im Bus ein paar Kilometer in die Wildnis hinein und begnügen sich mit einem Blick auf den Mount McKinley, der wie ein König im weißen Mantel über die Alaska Range regiert. Mount McKinley ist mit 6194 Metern der höchste Berg der Vereinigten Staaten. Abseits der Straße und im Hinterland, jenseits des Wonder Lake und auf der Südseite des Berges, die 1980 unter Naturschutz gestellt wurde, wartet unberührte Wildnis. Dort begegnet man wilden Grizzlys und Elchen.

Der Wrangell-St. Elias National Park ist der größte Nationalpark der Vereinigten Staaten. Hier gibt es die größte Ansammlung von außergewöhnlich hohen Bergen, darunter den Mount St. Elias (5489 m), den zweithöchsten Berg der USA nach dem Mount McKinley, und mehr als hundert Gletscher. Zum Nationalpark wurde der Park erst 1980.

Über die Glacier Bay schrieb der Naturschützer John Muir schon 1879: „Hier lernt man, dass sich die Erde stetig verändert, dass wir uns immer noch am Morgen der Schöpfung befinden; dass Berge geboren werden; dass Erde für zukünftige Pflanzen gerade erst aufgeworfen wird; dass eine Landschaft der anderen folgt in einem endlosen Rhythmus und endloser Schönheit.“

Die Kenai Fjords sind für ihren Tierreichtum bekannt. Über 9000 Elche, viele Karibus, Bergziegen, Kojoten, Bären, Luchse, Vielfraße, Biber und seit 1960 auch wieder Wölfe bevölkern diesen abgelegenen Nationalpark. Im Meerwasser tummeln sich Otter, Delfine und Wale. Die Onion Portage im Kobuk Valley gehören zu den bedeutendsten archäologischen Fundstätten in Alaska und erzählen von der Zeit, als die Vorfahren der Inuit und Indianer über eine Landbrücke von Sibirien nach Alaska kamen. An ein gewaltiges Naturereignis erinnert der Katmai National Park. Im Jahre 1912 kam es zu einem heftigen Vulkanausbruch. Zurück blieb ein über zwanzig Kilometer langer, sieben Kilometer breiter und 200 Meter tiefer Lavastreifen, aus dessen Spalten extrem heißer Dampf aufstieg, der sogar Zink zum Schmelzen brachte. Das „Valley of Ten Thousand Smokes“, das „Tal der zehntausend Rauchsäulen“, war geboren.

Oben:
Neben dem Mount McKinley gehören noch zahlreiche andere Berge und Gletscher zu dem riesigen Naturschutzgebiet. Sie gehören zu der nahezu 1000 Kilometer langen Alaska Range, die sich quer durch den größten Staat der USA zieht.

Links:
Elche, hier im Denali National Park, kommen bis dicht an die Straße, tauchen sogar in unmittelbarer Nähe des Besucherzentrums auf. Obwohl sie meist einen friedlichen Eindruck machen, können sie – wenn in die Enge getrieben – auch Menschen gefährlich werden.

In der Glacier Bay kalben neun Gletscher. Im östlichen und südwestlichen Teil ziehen sich die Eisberge zurück, im Westen wachsen sie wegen des veränderten Schneefalls an. Die globale Erwärmung beschleunigt den Prozess.

In Tourbooten erleben auch weniger abenteuerlustige Besucher die wilde Natur hautnah. Die Fahrt führt durch die Resurrection Bay und in die Aialik Bay, den meistbesuchten Fjord des Glacier Bay National Parks. Seelöwen tauchen oft bis dicht an die Boote heran.

Zum Glacier Bay National Park, der 1980 eröffnet wurde, gehören die mächtigen Küstengletscher, an denen sogar Kreuzfahrtschiffe vorbeifahren, aber auch abgelegene Buchten wie die Bartlett Cove.

Noch vor 200 Jahren kalbte ein gewaltiger Gletscher in die Bartlett Cove. Die globale Entfernung hat ihn aus der Bucht vertrieben. Erfahrene Ranger führen kleine Gruppen durch die üppige Natur am Ufer.

Linke Seite: Der Kachemak Bay State Park überrascht mit einem Tierreichtum, wie man ihn auch in Alaska nur selten findet. Neben Elchen, Bären und Wölfen begegnet man dort auch dem Weißkopfseeadler, dem Wappentier der USA.

Der Kenai Fjords National Park im südlichen Alaska wurde im Dezember 1980 eröffnet. Zu den Naturschönheiten innerhalb des Naturschutzgebietes gehören die wildromantische Küste und Hunderte von kleinen Buchten und Höhlen.

Vor der Küste im Kenai Fjords National Park erholen sich Seelöwen. Weiter draußen kann man Buckelwale beobachten, die auf ihrer jährlichen Wanderung nach Alaska kommen. Auch bei Vogelbeobachtern ist der Park beliebt.

Wrangell-St. Elias ist mit weitem Abstand der größte aller amerikanischen Nationalparks – er ist ungefähr sechsmal so groß wie Yellowstone. Nur im Buschflugzeug erschließt sich die gewaltige Wildnis Alaskas.

Der Wrangell-St. Elias National Park erstreckt sich über ein Gebiet von über 53 000 Quadratkilometern im südlichen Alaska. Neun der sechzehn höchsten Berge der Vereinigten Staaten liegen innerhalb des riesigen Naturschutzgebietes.

Der Denali National Park beheimatet den Mount McKinley, mit 6193 Metern der höchste Berg der USA, und eine unwegsame Wildnis mit Grizzlys, Elchen und Wölfen. Der Park wurde im Februar 1916 als Mount McKinley National Park eröffnet.

Um die Wildnis nicht zu stören und eine Kommerzialisierung des Parks zu vermeiden, sind nur offizielle Shuttle-Busse auf der einzigen Straße im Denali National Park erlaubt. Besucher können überall aus- und zusteigen.

Seite 80/81: „Denali“, die indianische Bezeichnung für den Mount McKinley, bedeutet „der Hohe“, ein zutreffender Name für den steil aufragenden Bergriesen. Seit 1980 trägt auch der Nationalpark diesen Namen.

Die Tiere im Denali National Park überwintern auf unterschiedliche Weise: Bären und Erdhörnchen halten Winterschlaf, Mäuse verkriechen sich unter die Erde, und Elche und Wölfe sind ständig auf der Suche nach Nahrung unterwegs.

Der Grizzly-Bär, in Legenden oft zu Unrecht verteufelt, gehört zur Familie der Braunbären. Die mächtigen Tiere können bis zu 600 Kilo wiegen und bis anderthalb Meter groß werden – dabei sind sie erstaunlich schnell.

In den Schluchten und Tälern der Brooks Range begegnet man Bären, Elchen und Karibus. Die Winter sind extrem lang, über die baumlosen Ebenen pfeift böiger Wind, und während der kurzen Sommer nerven die Moskitos.

In der endlosen Weite des Gates of the Arctic National Parks gibt es keine Straßen und kaum markierte Wege. Hier hat sich seit tausend Jahren kaum etwas verändert. Mehr Einsamkeit gibt es in keinem Nationalpark.

HAWAII – VULKANINSELN IM PAZIFIK

Die hawaiischen Inseln haben ihre Entstehung gewaltigen Vulkanausbrüchen zu verdanken, die vor 70 Millionen Jahren zum ersten Mal für Unruhe im pazifischen Raum sorgten und bis heute andauern. Die Inseln liegen über einem „Hot Spot", einer Ansammlung von kochender Magma, die sie durch schwache Stellen in der Erdkruste in heftigen Vulkanausbrüchen entlädt. Auf dem Meeresboden entstehen Vulkane, die ihre Lava ins Meer pumpen, zu gewaltigen Bergen anwachsen und irgendwann zu Inseln werden.
Mit einem einzigartigen Schauspiel werden die Frühaufsteher belohnt, die noch vor Sonnenaufgang zum Krater des Haleakala in Maui hinauffahren. 3055 Meter ragt der Vulkan aus dem Meer, aber rechnet man die 5791 Meter unter dem Pazifik dazu, gehört er zu den höchsten Gipfeln der Erde. Der Haleakala ist das „Haus der Sonne", sagen die Bewohner von Maui und beobachten ehrfürchtig, wie sich der feurige Planet morgens aus dem Krater erhebt und abends darin versinkt. Der Krater bedeckt ein Gebiet von fast 49 Quadratkilometern. Für die Hawaiianer ist er ein Ort mit magischen Kräften und die Heimat von Pele, der Vulkangöttin.
Über ein Gebiet von 1309 Quadratkilometern erstreckt sich der Hawaiian Volcanoes National Park auf Big Island, ein riesiges Naturschutzgebiet mit zerklüfteten Lavalandschaften und tiefgrünen Farndickichten. Der Crater Rim Drive, eine 53 Kilometer lange Asphaltstraße, führt um den rund drei Kilometer breiten und bis zu 122 Meter tiefen Krater des Kilauea herum, kreuzt erstarrte Lavaströme, die vor Jahrzehnten ausgestoßen wurden, und öffnet den Blick auf eine trostlose, aber faszinierende Landschaft, die an Bilder aus Science-Fiction-Filmen erinnert. Der Devastation Trail windet sich durch eine zerklüftete Lavawüste, die während des Ausbruchs des kleinen Kilauea im Jahr 1959 entstand. Damals schleuderte der Vulkan die Lava über sechshundert Meter hoch in die Luft. Die Asche erstickte die üppige Natur eines ehemaligen Tropenwaldes, ohne ihn vertreiben zu können. Wuchernde Brombeerbüsche wachsen zwischen den Steinen hervor. Der Kilauea Iki Trail führt durch beinahe undurchdringlichen Regenwald und leuchtend grüne Farndickichte in den gleichnamigen Krater hinab.

Oben:
Der Lapakahi State Historical Park in Hawaii beheimatet einen malerischen Küstenstreifen auf Big Island. Im Schatten der Palmen liegen die Ruinen eines historischen Dorfes, das im 14. Jahrhundert erbaut wurde.

Links:
Die hawaiischen Inseln haben ihre Entstehung gewaltigen Vulkanausbrüchen zu verdanken, die vor siebzig Millionen Jahren zum ersten Mal für Unruhe im pazifischen Raum sorgten und bis heute andauern.

Linke Seite:
Im Lava Tree State Monument auf Big Island erinnern die versteinerten Lavahüllen einiger Bäume an einen Vulkanausbruch, der um 1790 einen Teil der Insel verwüstete. Dahinter ragen dichte Palmenwälder empor.

Wie kleine Kunstwerke heben sich die grünen Farne gegen die tiefschwarze Lava ab. Am Black Sand Beach auf Big Island erscheint der Kontrast besonders groß. Hölzerne Plankenwege führen über die Lava.

Selbst in den bewohnten Gebieten von Big Island erinnert schwarze Lava an den vulkanischen Ursprung der Insel. Hier ein hawaiischer Gruß im schwarzen Lavageröll.

Zum Haleakala National Park auf Maui gehören der gleichnamige Vulkan, aber auch spektakuläre Vulkanlandschaften mit skurrilen Lavagebilden und die üppige Vegetation tropischer Regenwälder mit Wasserfällen und Flüssen.

Von zahlreichen Aussichtspunkten blickt man in den Krater des mächtigen Vulkans hinab. Auf dem schmalen Trail, der in zahlreichen Windungen in den Krater führt, umgibt den Wanderer nur das Rauschen des Windes.

Bis zur steilen und mit tropischen Pflanzen bewachsenen Küste reicht die Wildnis abseits des Haleakala. Steile Pfade führen durch den Urwald zu Wasserfällen und einsamen Seen wie den Lower Pools.

Rund um den Waimoku Falls Trail im Haleakala National Park nisten zahlreiche einheimische Vögel inmitten einer üppig wuchernden Fauna, hier ein Bambus-Wald.

Register

Pazifischer Ozean
Vancouver
North Cascades
Olympic
Seattle
Tacoma
Glacier
Mount Rainier
Spokane
WASHINGTON
Mount St. Helens
Kennewick
Portland
Salem
Eugene
Butte
OREGON
Bitterroot Range
Crater Lake
IDAHO
Boise City
Craters of the Moon
Redwood
Lava Beds
Idaho Falls
Eureka
Coast Range
Lassen Volcanic
Red Bluff
Elko
Great Salt Lake
Salt Lake City
Reno
NEVADA
Santa Rosa
Sacramento
Oakland
San Francisco
UTAH
Great Basin
San Jose
Yosemite
Arches
Salinas
Devils Postpile
Capitol Reef
Kings Canyon
Bryce Canyon
Cedar City
Sequoia
Sierra Nevada
Zion
CALIFORNIA
Death Valley
San Luis Obispo
Las Vegas
Grand Canyon
Monument Valley
Bakersfield
Lake Mead
Colorado
Santa Barbara
Canyon de Chelly
Oxnard
Flagstaff
Los Angeles
San Bernardino
Long Beach
Joshua Tree
ARIZONA
Palm Springs
San Diego
Phoenix
Organ Pipe Cactus
Tucson
Saguaro
Beaufortsee
Brooks Range
Gates of the Arctic
USA
KANADA
Fairbanks
ALASKA
Alaska Range
Denali
Anchorage
Wrangell-St. Elias
Lake Clark
Kenai Fjords
Glacier Bay
Juneau
Katmai
Beringsee
Golf von Alaska
Alexander

KANADA
Regina
Winnipeg
Voyageurs
Isle Royal
Lake Superior
Montreal
MAINE
Bangor
Acadia
Missouri
NORTH DAKOTA
Grand Forks
MINNESOTA
Theodore Roosevelt
Bismarck
Duluth
Sault St. Marie
Lake Huron
Montpelier
Portland
NEW HAMPSHIRE
VERMONT
Boston
Cape Cod
WISCONSIN
Minneapolis
Green Bay
Toronto
Lake Ontario
Rochester
MASSACHUSETTS
RHODE I.
CONNECTICUT
New Haven
SOUTH DAKOTA
Devils Tower
Buffalo
Rapid City
Badlands
Wind Cave
Casper
Sioux Falls
Milwaukee
Lake Michigan
MICHIGAN
Detroit
Buffalo
NEW YORK
Lake Erie
Erie
PENNSYLVANIA
New York
NEW JERSEY
IOWA
Cedar Rapids
Des Moines
Chicago
Gary
Toledo
Cleveland
Pittsburgh
Philadelphia
DELAWARE
Scottsbluff
NEBRASKA
Cheyenne
Rocky Mountain
Lincoln
ILLINOIS
INDIANA
Fort Wayne
OHIO
Columbus
Catoctin Mountain
Baltimore
Washington D. C.
MARYLAND
Boulder
Denver
COLORADO
Colorado Springs
Pueblo
Arkansas
Great Sand Dunes
Kansas City
KANSAS
Springfield
Indianapolis
Dayton
Cincinnati
WEST VIRGINIA
Shenandoah
Charleston
Richmond
St. Louis
Louisville
Ohio
Lexington
VIRGINIA
Norfolk
Dodge City
MISSOURI
Springfield
Mississippi
KENTUCKY
Mammoth Cave
Blue Ridge Parkway
Appalachian Mts
Durham
Cape Hatteras
Sikeston
Great Smoky Mountains
NORTH CAROLINA
Nashville
TENNESSEE
Charlotte
OKLAHOMA
Santa Fe
Albuquerque
Amarillo
Oklahoma City
ARKANSAS
Little Rock
Memphis
Chattanooga
Huntsville
Greenville
Columbia
SOUTH CAROLINA
Hot Springs
Atlanta
MEXICO
Lubbock
White Sands
Carlsbad Caverns
Birmingham
Alabama
GEORGIA
MISSISSIPPI
Columbus
Savannah
El Paso
Fort Worth
Dallas
Shreveport
Montgomery
Jackson
ALABAMA
TEXAS
Guadalupe Mountains
Pecos
Waco
LOUISIANA
Tallahassee
Cumberland Island
Jacksonville
Rio Grande
Mobile
Baton Rouge
Gulf Islands
Austin
Lafayette
Beaumont
New Orleans
FLORIDA
Daytona Beach
Big Bend
Houston
Mississippi Delta
Orlando
Cape Canaveral
San Antonio
Tampa
St. Petersburg
Oahu
Molokai
Maui
Lanai
Haleakala
HAWAII
Big Island of Hawaii
Hilo
Hawaii Volcanoes
Ozean
Laredo
Corpus Christi
Padre Island
Golf von Mexiko
Naples
Fort Lauderdale
Miami
Everglades
Biscayne
BAHAMAS
Dry Tortugas
Florida Keys
Atlantischer Ozean

Der Glacier Point, einer der besten Aussichtspunkte im Yosemite National Park, lag während der letzten Eiszeit noch unter einer dicken Eisschicht verborgen. Heute tummeln sich dort Touristen.

Umschlag vorne, oben: Bisons sind ein vertrauter Anblick im Yellowstone National Park. Die zottigen Tiere, von Jägern wie Buffalo Bill beinahe ausgerottet, haben sich wieder stark vermehrt und gehören nicht mehr zu den bedrohten Tierarten.

Umschlag vorne, unten: Vom rauen Kaiparowits Plateau bis zum Escalante River erstrecken sich Felsformationen wie „The Wave" im Grand Staircase-Escalante National Monument. Erst 1996 wurde das Gebiet unter Naturschutz gestellt.

Umschlag hinten: Durch das gigantische North Window blickt man auf den Turret Arch im Arches National Park. Über 2000 Bögen aus rotem Sandstein verteilen sich auf das Naturschutzgebiet in Utah.

Impressum

Buchgestaltung
www.hoyerdesign.de

Karte
Fischer Kartografie, Aichach

Printed in Germany
Repro: Artilitho, Lavis-Trento, Italien
Druckerei Uhl GmbH & Co. KG, Radolfzell am Bodensee

ISBN 978-3-8035-2009-8

Unser gesamtes Programm finden Sie unter:
www.verlagshaus.com